Gado Takassi-Kikpa

Gestion Informatisées des dossiers d'enquêtes

Gado Takassi-Kikpa

Gestion Informatisées des dossiers d'enquêtes

au Service Social de la Caisse Nationale de Sécurité Sociale (CNSS) du TOGO

Éditions universitaires européennes

Impressum / Mentions légales
Bibliografische Information der Deutschen Nationalbibliothek: Die Deutsche Nationalbibliothek verzeichnet diese Publikation in der Deutschen Nationalbibliografie; detaillierte bibliografische Daten sind im Internet über http://dnb.d-nb.de abrufbar.
Alle in diesem Buch genannten Marken und Produktnamen unterliegen warenzeichen-, marken- oder patentrechtlichem Schutz bzw. sind Warenzeichen oder eingetragene Warenzeichen der jeweiligen Inhaber. Die Wiedergabe von Marken, Produktnamen, Gebrauchsnamen, Handelsnamen, Warenbezeichnungen u.s.w. in diesem Werk berechtigt auch ohne besondere Kennzeichnung nicht zu der Annahme, dass solche Namen im Sinne der Warenzeichen- und Markenschutzgesetzgebung als frei zu betrachten wären und daher von jedermann benutzt werden dürften.

Information bibliographique publiée par la Deutsche Nationalbibliothek: La Deutsche Nationalbibliothek inscrit cette publication à la Deutsche Nationalbibliografie; des données bibliographiques détaillées sont disponibles sur internet à l'adresse http://dnb.d-nb.de.
Toutes marques et noms de produits mentionnés dans ce livre demeurent sous la protection des marques, des marques déposées et des brevets, et sont des marques ou des marques déposées de leurs détenteurs respectifs. L'utilisation des marques, noms de produits, noms communs, noms commerciaux, descriptions de produits, etc, même sans qu'ils soient mentionnés de façon particulière dans ce livre ne signifie en aucune façon que ces noms peuvent être utilisés sans restriction à l'égard de la législation pour la protection des marques et des marques déposées et pourraient donc être utilisés par quiconque.

Coverbild / Photo de couverture: www.ingimage.com

Verlag / Editeur:
Éditions universitaires européennes
ist ein Imprint der / est une marque déposée de
OmniScriptum GmbH & Co. KG
Heinrich-Böcking-Str. 6-8, 66121 Saarbrücken, Deutschland / Allemagne
Email: info@editions-ue.com

Herstellung: siehe letzte Seite /
Impression: voir la dernière page
ISBN: 978-613-1-58250-9

INTRODUCTION

Les nouvelles technologies ont pris de l'ampleur dans le monde actuel et leur évolution a engendré d'énormes transformations au sein de la société. Cette société nouvelle se voit aujourd'hui envahie par un outil incontournable qui est l'informatique. Dans le souci de se rendre beaucoup plus compétitives sur les marchés, les entreprises cherchent à se doter d'un système d'information fiable pour non seulement être à la pointe de la technologie mais aussi rendre automatiques certaines tâches habituelles et répétitives.

Motivés par l'efficacité de cet outil, les responsables de la Caisse Nationale de Sécurité Sociale (CNSS) vue les difficultés que rencontre le service social dans leurs prestations ont décidé de nous confier un projet de développement dont le thème est: **«GESTION INFORMATISEE DES DOSSIERS D'ENQUÊTE AU SERVICE SOCIAL DE LA CAISSE NATIONALE DE SECURITE SOCIALE (CNSS) DU TOGO »** Cette gestion étant jusqu'ici manuelle, alors ce thème a été l'objet de notre étude durant le stage que nous avons effectué au sein de l'institution du 14 Avril au 16 juin 2008 et qui se situe dans le cadre de notre mémoire de fin de formation.

Notre méthode d'analyse a été la Méthode d'Etude et de Réalisation Informatique par Sous Ensemble (MERISE) et notre outil de développement, Oracle Developer 6.0 basé sur le Système de Gestion Base de Données Relationnelles (SGBDR) Oracle version 9i.

En vue d'élaborer le système adéquat et répondre efficacement aux besoins exprimés, nous avons adopté une démarche en quatre parties à savoir :

> ➤ La présentation générale,
> ➤ L'étude préalable,
> ➤ L'étude détaillée,
> ➤ La programmation.

1

PREMIERE PARTIE

PRESENTATION GENERALE

I. PRESENTATION DE LA CNSS.

I.1. Historique

La protection sociale au TOGO a été progressive. En 1956, la Caisse de Compensation des Prestations Familiales du TOGO (CCPF) fut instituée par l'arrêté n° 242/ILTS du 16 mars 1956. Elle a commencé ses activités par le régime des prestations familiales. Ensuite, le régime de prévention et de réparation des accidents de travail et des maladies professionnelles a été institué en 1968. Le 12 Novembre 1973, le code de sécurité sociale a été créé par l'ordonnance n°39-73 et le nom de la société a été changé : la CCPF est devenue Caisse Nationale de Sécurité Sociale (CNSS).

I.2. Situation géographique

La Caisse Nationale de Sécurité Sociale (CNSS) du TOGO a son siège à Lomé. Celui-ci se situe entre l'immeuble du Groupement Togolais d'Assurance / Compagnie Africaine d'Assurance (GTA/C2A) au Nord, le campus nord au Sud, la nationale n°1 (route d'Atakpamé) à l'Est et par la Société d'Administration de la Zone Franche (SAZOF) et le service des passeports à l'Ouest.
Elle a pour adresse :

CAISSE NATIONALE DE SÉCURITÉ SOCIALE
ROUTE D'ATAKPAMÉ
BP : 69 / 199
LOMÉ- TOGO
TÉLÉPHONE (+228)225-96-96
TÉLÉCOPIE (+228)250-76-52

I.3. Activités de la CNSS

La CNSS est chargée de gérer le régime de prévoyance sociale des travailleurs salariés et assimilés ; ce régime compte principalement trois branches :

> ➤ la branche des prestations familiales,
> ➤ la branche des risques professionnels,
> ➤ la branche des pensions de vieillesse, d'invalidité et de décès.

I.4. Structure organisationnelle (cf. annexe 7)

La CNSS est sous la direction d'un Directeur Général assisté par un Directeur Général Adjoint, tous deux coiffés par un Conseil d'Administration élu à l'issue d'une Assemblée Générale.
La Direction Générale Adjointe a sous son autorité :

> ➤ une unité de communication, un conseil médical (composé de médecins permanents),

> ➤ six (6) directions: la Direction Financière et Comptable (DFC), la Direction Administrative (DA), la Direction Recouvrement et Immatriculation (DRI), la Direction des Prestations (DP), la Direction de l'Informatique et de l'Organisation des Systèmes (DIOS) et la Direction de l'Audit Interne et Inspection (DAII). Sous ces directions sont rattachés treize (14) services et six (6) agences.

La CNSS dispose de six (6) agences réparties dans les différentes régions économiques et de cinq (5) Centres d'Information et de Payement (CIP) implantés dans des contrées de ces régions économiques et qui sont rattachés aux agences.

I.5. Parc informatique

Deux volets s'ouvrent dans cette section. Il s'agit du matériel informatique et des logiciels utilisés.

I.5.1. Matériel informatique

L'architecture matérielle de la CNSS est composée de :

- 7 serveurs (serveurs de programmes, de production qui gère la base de données, de back up pour la sauvegarde des données, de développement utilisé pour le test des logiciels développés, intranet, de sécurité des portes, d'antivirus),
- 120 ordinateurs, de marque Hewlett Packard (HP), 40 imprimantes tous connectés en réseau et divers accessoires,

Tout ce matériel fonctionne sous un réseau de topologie étoilée. Un réseau local relie les agences de Lomé et de Kara par le biais d'une ligne spécialisée.

4

I.5.2. Logiciels utilisés

La gestion des données à la Caisse Nationale de Sécurité Sociale est assurée par le Système de Gestion Base de Données Relationnelles (SGBDR) Oracle 10g. L'outil de développement est Oracle suite 10g. Les serveurs tournent sous Linux sauf celui des programmes qui utilise le Windows Server 2000 et celui de la sécurité des portes qui utilise le Windows XP. Le système d'exploitation des postes de travail est le Windows XP.

La CNSS possède plusieurs logiciels développés sous Oracle notamment la gestion automatisée de la sécurité sociale (GASS) (ce logiciel intègre la gestion des allocations, les prestations familiales, la gestion des pensions, les accidents de travail, les pensions vieillesses, gestion des immatriculations, gestion des recouvrements), la gestion du personnel et de la paie (GPS), la gestion de la comptabilité (COMPTA)

II. PRESENTATION DU CADRE DU STAGE

Le Service Etudes et Développement des Applications, un département de la Direction de l'Informatique et de l'Organisation des Systèmes (DIOS) nous a servi de bureau.

DEUXIEME PARTIE

ETUDE PREALABLE

Notre sujet de développement est la « GESTION INFORMATISEE DES DOSSIERS D'ENQUÊTE AU SERVICE SOCIAL DE LA CAISSE NATIONALE DE SECURITE SOCIALE (CNSS) DU TOGO ». L'étude préalable nous permet de faire un diagnostic au sein du service social (SS) dans le but de proposer des solutions organisationnelles et techniques aux problèmes relevés après notre analyse, solutions qui permettront de concevoir une application adaptée au système de gestion. Cette deuxième partie est consacrée à l'étude de l'existant, à sa critique et aux propositions de solutions.

I. ETUDE DE L'EXISTANT

Cette étude concerne le fonctionnement du service social (SS), le traitement des dossiers d'enquête et le matériel utilisé pour l'exécution des travaux.

I.1. Fonctionnement du Service Social

Comme l'indique son nom, le Service Social (SS) est une section de la Direction des Prestations qui s'occupe des problèmes d'ordre social, des nécessiteux, des malades. Il assiste les assurés sociaux et effectue des rapports d'enquêtes.

Mais la plupart du temps il se consacre aux enquêtes sur les assurés et leurs familles dans le but de déterminer par exemple les vrais attributaires et bénéficiaires des droits en matière de prestations familiales (divorce de l'allocataire, décès de l'allocataire, vérification de la scolarité d'un enfant, abandon du domicile conjugal), en matière de pension (décès de l'assuré polygame, recherche de la régularité de l'acte de mariage, recherche des ayants droits) ou en matière de risque professionnel (accident de travail).

Ces enquêtes se font le plus souvent par des agents contractuels appelés assistants sociaux contractuels (ASC) et des rares fois par des assistants sociaux titulaires (AST) rattachés au service social de la CNSS. Elles émanent des demandes adressées au service social par les différents services et agences qui sont sous l'autorité de la Direction des Prestations (**cf. annexe** 7).

I.2. Traitement des dossiers d'enquête

Les trois (3) services à savoir le service des prestations familiales (PF), le service des risques professionnels (RP) et le service des pensions vieillesses et retraite complémentaire (PV&RC) et les différentes agences de la CNSS réparties sur le territoire national soumettent chacun, lorsqu'un besoin se fait sentir, des demandes d'enquête sur des assurés. Les dossiers des assurés accompagnent les demandes envoyées.

7

Le service social enregistre d'abord les dossiers et les demandes puis passe à leur étude pour déterminer s'il est vraiment nécessaire de faire une enquête. S'il n'est pas nécessaire alors les dossiers sont dits « classés ». Mais dans le cas contraire, il passe à un regroupement de certains dossiers dans un « bon » (**cf. annexe 1**) avant de les confier aux ASC pour enquête.

Les ASC ont un délai de six (6) mois pour rendre des rapports sur leurs enquêtes. Il peut arriver que des dossiers soient confiés à un certain nombre des AST. Ces dossiers sont ceux qui ne sont pas regroupés dans un bon. Les AST n'ont pas de délai pour rendre un rapport. Un dossier confié, est dit dossier « en cours ».

Les ASC sont rémunérés suivant le nombre de dossiers traités soit trente mille (30 000) FCFA par dossier. Avant le début de toute enquête ils perçoivent une avance de cinq mille (5 000) FCFA sur chaque dossier à traiter. Seuls les ASC sont rémunérés pour une enquête donnée.

Le service social soumet une demande à la Direction Financière et Comptable (DFC), par le biais de la DP, pour le payement des avances aux ASC avant que ceux-ci ne débutent leur travail. Cette demande est accompagnée d'un tableau récapitulatif (**cf. annexe 2**) indiquant les noms des ASC et le nombre de dossiers à traiter. La DFC notifie à la Direction Générale (DG) qui autorise le paiement. Après le paiement, la DFC contacte la DP qui annonce au SS que le paiement est effectué afin qu'il puisse faire des mises à jours.

A la fin du délai accordé ou bien avant, les contractuels déposent leurs rapports au service social qui les enregistrent et ensuite les transmet au Directeur des Prestations pour approbation.
Deux situations se présentent. Soit les rapports sont acceptés ou soit ils sont rejetés par le Directeur des Prestations.

Si le Directeur des Prestations accepte les rapports par apposition d'un visa alors le service social rédige une demande de paiement de solde (**cf. annexe 4**) qu'il envoie à la DFC par le biais de la DP, accompagnée d'une fiche récapitulative (**cf. annexe 3**) portant les noms des ASC, les numéros d'ordre des dossiers, le numéro du bon et le montant à payer. Cette demande n'est pas aussitôt rédigée. Elle se fait périodiquement (chaque trois (3) mois par exemple) et suivant le nombre de rapports acceptés. Lorsque les soldes sont payées, la DFC le signal à la DP qui transmet la notification au SS pour qu'il puisse faire des mises à jours.

Mais si certains rapports sont rejetés par le Directeur des Prestations, Les dossiers sont alors confiés aux AST pour refaire les enquêtes, dans ce cas on dit qu'il y a « Reversement ».

8

Lorsque le délai est dépassé et le rapport n'est pas rendu, le service social étudie le cas de ces dossiers avant de voir s'il faut reconduire l'enquête, la reverser ou la classer inaboutie. Cela dépend de beaucoup de critères.

La reconduction n'est pas toujours faite. Elle dépend souvent des difficultés rencontrées sur le terrain. Le délai maximum de reconduction est de 6 mois.

Par la suite, le SS envoie une note (**cf. annexe 5**) certifiant que les rapports d'enquête sont acceptés, aux services ou aux agences qui ont demandé l'enquête. Les dossiers d'enquête accompagnent la note. Si tout a été fait alors le dossier est dit « Liquidé ».

A la fin de chaque trimestre le SS réparti les rapports d'enquête reçus et acceptés dans un tableau récapitulatif (**cf. annexe 6**) suivant les mois et suivant les services ou agences demandeurs d'enquête pour mieux cerner le travail qu'ils ont fait ou qu'il leur reste à faire.

I.3. Outil de travail

Dans l'accomplissement de ses tâches le Service Social dispose d'un ordinateur. Mais celui-ci n'est pas le plus souvent utilisé du fait qu'il n'y a aucune application pouvant prendre en compte les exigences des activités. Il n'est utilisé que pour concevoir des tableaux de répartition, saisir des demandes ou effectuer des calculs sous Excel. En conclusion les travaux sont pour la plupart du temps accomplis manuellement par les agents internes au service social.

L'enregistrement des informations sur les dossiers soumis pour enquête se fait manuellement par la secrétaire du SS dans des registres nommés: courrier « arrivée », et courrier « départ ».

Les bons de travail, l'avance et le solde payés sont enregistrés dans des cahiers de « rapports OK ». Ces registres et cahiers sont rangés dans des placards du bureau.

II. CRITIQUE DE L'EXISTANT

Nous avons déduit de l'étude de l'existant certains problèmes liés à la gestion des dossiers d'enquête au service social. Les multiples tâches auxquelles le service social doit faire face nécessitent une bonne organisation. La gestion des dossiers se fait de façon manuelle et n'est pas sans conséquences. Le service social éprouve en effet des difficultés qui sont inhérentes à la nature même de la gestion. On retiendra quelques-unes:

> ➢ En cas de recherche d'un dossier en cours de traitement, inabouti ou liquidé, il faut consulter plusieurs registres et cahiers au service social;

> ➢ Le suivi manuel des traitements des documents tels que les bons et les demandes, entraîne parfois des oublis de prise en compte des numéros des documents précédents. Ce qui empêche de suivre les traces de ceux-ci. L'on est parfois obligé de parcourir tous les dossiers rangés dans les placards. Ce mode manuel expose le service social à divers risques liés aux erreurs humaines, de calculs et d'inattention;

> ➢ Pour établir les besoins statistiques tels que l'état de répartition des dossiers d'enquêtes sociales reçus et liquidés au cours d'un trimestre par exemple, il faudrait compter tous les dossiers en instance, par nature et par mois puis faire les totaux. Ceci prend beaucoup plus de temps car il faudrait avant tout trouver les documents contenant ces informations avant de les relever;

> ➢ Il peut arriver que les documents portent le même numéro à cause de la numérotation manuelle ou encore des documents qui sont introuvables entraînant la perte des informations donc un frein aux activités du service;

> ➢ Un dossier mal enregistré peut être considéré comme déjà traité à la place d'un autre ou reste non traité pendant un long temps ; pour le même dossier, un contractuel peut être payé deux (2) fois;

> ➢ On peut également observer un risque de surcharge.

Nombreux sont les besoins statistiques exprimés mais la gestion étant manuelle, il faudrait parcourir toutes les informations recueillies sur papier avec attention avant de trouver ce que l'on recherche; cela constitue du temps perdu pour les agents ou un ralentissement dans l'exécution des tâches et empêche la poursuite des travaux du service. Cependant ces difficultés ne sont pas sans solutions.

III. SOLUTION ENVISAGEE

Afin de réduire les risques et rendre plus efficace la gestion des dossiers d'enquête pour ainsi pallier aux insuffisances observées, il est nécessaire de mettre en place une application adéquate pouvant prendre en compte les besoins exprimés par le service social.

A cet effet, nous proposons la mise en place d'une base de données pour gérer de façon plus efficace et fiable les données relatives aux enquêtes depuis leur démarrage jusqu'à leur aboutissement.

L'application à concevoir doit permettre : d'attribuer automatiquement des numéros aux différents documents ou acteurs, de faire la mise à jours des informations, de faciliter le traitement de ces informations et de calculer puis d'éditer, sur demande, aussi automatiquement les besoins statistiques attendus.

Ce logiciel doit permettre de rechercher de façon beaucoup plus aisée les informations sur les enquêtes abouties ou non, d'éditer les différents états tels que les demandes, les bons, le tableau de répartition.

Cette application doit permettre enfin de suivre la chronologie des événements, de minimiser les risques d'erreur et la perte des informations.

Au terme de notre analyse nous avons fait mention d'un certain nombre de problèmes auxquels nous avons tenté d'apporter des solutions qui doivent nous permettre la mise en place du logiciel.

Avant d'aboutir à ce résultat concret il faudrait partir d'une analyse détaillée de la gestion des dossiers d'enquête au niveau du service social.

TROISIEME PARTIE

ETUDE DETAILLEE

La conception d'un système informatique requière une précision et une efficacité dans le traitement de l'information. Pour ce faire nous adopterons la Méthode d'Etude et de Réalisation Informatique par Sous Ensemble (MERISE). Cette méthode conçue dans la période 1978-1979 en France, se caractérise par une double démarche par niveau et par étape. Elle permet de traduire le système étudié en sous-ensembles cohérents et indépendants. Suivant cette démarche, nous allons effectuer, dans cette partie, une étude à trois niveaux : le niveau conceptuel, le niveau logique et organisationnel et le niveau physique.

I. NIVEAU CONCEPTUEL

Ici la méthode conduit à la construction du Modèle Conceptuel des Données (MCD) et au Modèle Conceptuel de Traitement (MCT) en faisant des choix fondamentaux de gestion.

I.1. Etude conceptuelle des données

Le Modèle Conceptuel des Données recense toutes les informations du champ d'étude et décrit les liens entre elles. Les étapes de sa conception sont les suivantes :

- ❖ La grille de détermination des données.
- ❖ Le dictionnaire des données.
- ❖ La matrice des dépendances fonctionnelles.

I.1.1. Grille de détermination des données

La grille de détermination des données permet de recenser toutes les données du domaine étudié nécessaires à la réalisation de l'application.
Ces données proviennent des interviews, des documents utilisés dans le domaine d'étude.

Les données de la grille sont classées suivant quelques règles de gestion :

- Les données paramètres (P) qui sont des données dont les valeurs sont constantes durant la vie du système d'information et ne sont pas traitées par le système.

- Les données calculées (C), sont des données qui peuvent être calculées à partir d'autres données du système à l'aide d'une formule mathématique.

- Les données logiques (L), sont des données qui peuvent être calculées à l'aide d'une formule algorithmique (formule logique) à partir d'autres données du système.

- Les données de base (B), sont des données dont il n'existe pas de formule de calcul en relation à d'autres données du système.

APPLICATION : Gestion informatisée des dossiers d'enquête au service social de la CNSS du TOGO										Désignation de phase : Phase de conception	
GRILLE DE DETERMINANTION DES DONNEES												
Sorties		**Documents**						**Règle de gestion**			**Entrées**	
N°	ATTRIBUTS	D1	D2	D3	D4	D5	D6	I	L	C	ATTRIBUTS	
1	Code de l'ASC							*			Code de l'ASC	
2	Nom de l'ASC	*	*	*		*					Nom de l'ASC	
3	Prénom de l'ASC	*	*	*		*					Prénom de l'ASC	
4	Date de naissance ASC							*			Date de naissance ASC	
5	Lieu de naissance ASC							*			Lieu de naissance ASC	
6	Numéro des pièces d'identité de l'ASC							*			Numéro des pièces d'identité de l'ASC	
7	Adresse de l'ASC							*			Adresse de l'ASC	
8	Numéro téléphone ASC	*									Numéro téléphone ASC	
9	Références du contrat				*						Références du contrat	
10	Date signature contrat				*						Date signature contrat	
11	Date fin du contrat							*			Date fin du contrat	
12	Référence note service				*						Référence note service	
13	Date d'émission de la note de service				*						Date d'émission de la note de service	
14	Numéro ordre dossier	*		*							Numéro ordre dossier	
15	Numéro enregistrement dossier	*				*					Numéro enregistrement dossier	
16	Date prévue retour du dossier	*								C1		
17	Motif de l'enquête							*			Motif de l'enquête	
18	Date transmission du dossier au demandeur							*			Date transmission du dossier au demandeur	
19	Date réception dossier							*			Date réception dossier	
20	Montant avance		*								Montant avance	
21	Numéro assurance	*				*					Numéro assurance	
22	Nom de l'assuré	*				*					Nom de l'assuré	
23	Prénom de l'assuré	*				*					Prénom de l'assuré	
24	Adresse de l'assuré							*			Adresse de l'assuré	
25	Numéro du bon	*	*	*							Numéro du bon	
26	Date émission bon	*	*								Date émission bon	
27	Code nature dossier							*			Code nature dossier	

14

APPLICATION : Gestion informatisée des dossiers d'enquête au service social de la CNSS du TOGO		Désignation de phase : Phase de conception

GRILLE DE DETERMINANTION DES DONNEES (SUITE)

N°	Sorties ATTRIBUTS	D1	D2	D3	D4	D5	D6	I	L	C	Entrées ATTRIBUTS
28	Libellé nature dossier		*				*				Libellé nature dossier
29	Code état dossier							*			Code état dossier
30	Etat du dossier							*			Etat du dossier
31	Numéro du rapport					*					Numéro du rapport
32	Date du rapport					*					Date du rapport
33	Date enregistrement du rapport							*			Date enregistrement du rapport
34	Contenu du rapport										Contenu du rapport
35	Numéro demande solde				*						Numéro demande solde
36	Date demande solde				*						Date demande solde
37	Date payement solde							*			Date payement solde
38	Code de l'agence							*			Code de l'agence
39	Nom de l'agence							*			Nom de l'agence
40	Adresse de l'Agence							*			Adresse de l'Agence
41	Code du service							*			Code du service
42	Nom du service							*			Nom du service
43	Numéro demande d'avance							*			Numéro demande d'avance
44	Date demande avance							*			Date demande d'avance
45	Date paiement avance							*			Date paiement avance
46	Code état rapport							*			Code état rapport
47	Nom état rapport							*			Nom état rapport
48	Numéro matricule AST							*			Numéro matricule AST
49	Nom de l'AST							*			Nom de l'AST
50	Prénom de l'AST							*			Prénom de l'AST
51	Adresse de l'AST							*			Adresse de l'AST
52	Code de la zone							*			Code de la zone
53	Libellé de la zone							*			Libellé de la zone
54	Date de remise du dossier à l'ASC	*									Date de remise du dossier à l'ASC
55	Date retour réel du dossier par l'ASC	*									Date retour réel du dossier par l'ASC
56	Montant par dossier d'enquête							*			Montant par dossier d'enquête
57	Délai de l'enquête							*			Délai de l'enquête
58	Date de prise d'état du dossier							*			Date de prise d'état du dossier
59	Délai de reconduction							*			Délai de reconduction
60	Date de prise d'état du rapport							*			Date de prise d'état du rapport
61	Date de remise dossier à l'AST	*									Date de remise dossier à l'AST

15

APPLICATION : Gestion informatisée des dossiers d'enquête au service social de la CNSS du TOGO										Désignation de phase : Phase de conception

GRILLE DE DETERMINANTION DES DONNEES (SUITE)

	Sorties	Documents						Règles de gestion			Entrées
N°	ATTRIBUTS	D1	D2	D3	D4	D5	D6	I	L	C	ATTRIBUTS
62	Date de retour du dossier par l'AST	*									Date de retour du dossier par l'AST
63	Montant total des soldes par ASC			*						C2	
64	Total des soldes à payer			*						C3	
65	Montant total avance à payer par ASC		*							C4	
66	Somme des montants avance à payer							*		C5	
67	Montant du solde							*		C6	

LEGENDE

D1 : bon (Annexe 1)
D2 : Avance à accorder aux ASC (Annexe 2)
D3 : Solde à payer aux ASC (Annexe 3)
D4 : Demande de paiement de solde (Annexe 4)
D5 : Acceptation de rapport (Annexe 5)
D6 : Répartition des dossiers d'enquêtes sociales reçus, liquidés (Annexe 6)
I : interviews
L : données logiques
C : données calculées

DONNEES CALCULEES :

C1 = Date prévue retour du dossier = Date de remise du dossier à l'ASC + 6 mois.
C2 = Montant total des soldes par ASC = Nombre total de rapports reçus acceptés des ASC * Montant du solde.
C3 = Total des soldes à payer = somme (Montant total des soldes par ASC)
C4 = Montant total avance à payer par ASC = Montant avance* Nombre total des dossiers remis à l'ASC.
C5 = Somme des montants avance à payer = somme (Montant total avance à payer par ASC).
C6 = Montant du solde = Montant par dossier d'enquête - Montant avance.

16

I.1.2. Dictionnaire des données

Le dictionnaire des données s'obtient à partir de la grille d'analyse des données et contient les données de base avec leurs codes à utiliser dans la suite du travail, leurs définitions, leurs types, leurs tailles et éventuellement un commentaire

APPLICATION : Gestion informatisée des dossiers d'enquête au service social de la CNSS du TOGO			Désignation de phase : Niveau conceptuel		
DICTIONNAIRE DES DONNEES					
N°	**CODIFICATION**	**SIGNIFICATION**	**TYPE**	**TAILLE**	**COMMENTAIRE**
1	**Code_ASC**	Code identificateur de l'ASC	AN	5	Identifiant
2	Nom_ASC	Nom de l'ASC	A	25	
3	Prenm_ASC	Prénom de l'ASC	A	30	
4	Date_naiss_ASC	Date de naissance de l'ASC	D	10	jj/mm/aaaa
5	Lieu_naiss_ASC	Lieu de naissance de l'ASC	AN	20	
6	Num_Piece_Id_ASC	Numéro pièce d'identité de l'ASC	AN	20	
7	Adress_ASC	Adresse de l'ASC	AN	35	
8	Num_tel_ASC	Numéro de téléphone de l'ASC	AN	12	
9	**Num_Ord_Doss**	Numéro d'ordre du dossier	N	6	Identifiant
10	Num_Enr	Numéro de d'enregistrement du dossier	N	6	
11	Date_Recep_Doss	Date de réception du dossier	D	10	jj/mm/aaaa
12	Motif_Enq	Motif de l'enquête	AN	40	
13	Date_Transmission	Date de transmission du dossier au demandeur	D	10	jj/mm/aaaa
14	Mont_Avce	Montant de l'avance par dossier	N	5	
15	**Num_Rapport**	Numéro identificateur du rapport	N	6	Identifiant
16	Date_Rapport	Date d'édition du rapport	D	10	jj/mm/aaaa
17	Date_Enr_Rapport	Date d'enregistrement du rapport	D	10	jj/mm/aaaa
18	Contenu_Rapport	Contenu du rapport	AN	100	
19	**Code_Etat_Doss**	Code de l'état des dossiers et des enquêtes	N	2	Identifiant
20	Nom_Etat_Doss	Nom de l'Etat	A	15	
21	**Code_Etat_Rap**	Code de l'état des rapports	N	2	Identifiant
22	Nom_Etat_Rap	Nom de l'Etat	A	15	
23	**Num_Dde_Avce**	Numéro de la demande d'avance	N	6	Identifiant
24	Date_Dde_Avce	Date d'édition de la demande	D	10	jj/mm/aaaa
25	Date_Paie_Avce	Date de paiement de l'avance	D	10	jj/mm/aaaa
26	**Num_Dde_Solde**	Numéro de la demande de solde	N	6	Identifiant
27	Date_Dde_Solde	Date d'édition de la demande de solde	D	10	jj/mm/aaaa
28	Date_Paie_Solde	Date de paiement de la demande de solde	D	10	jj/mm/aaaa
29	**Ref_Cont**	Référence du contrat de l'ASC	AN	15	Identifiant
30	Date_Deb_Cont	Date de début du contrat	D	10	jj/mm/aaaa
31	Date_Fin_Cont	Date de fin du contrat	D	10	jj/mm/aaaa
32	Ref_Note_Sce	Références de la note de service	N	15	
33	Date_Note_Sce	Date d'édition de la note de service	D	10	jj/mm/aaaa

APPLICATION : Gestion informatisée des dossiers d'enquête au service social de la CNSS du TOGO			Désignation de phase : Niveau conceptuel		
DICTIONNAIRE DES DONNEES					
N°	CODIFICATION	SIGNIFICATION	TYPE	TAILLE	COMMENTAIRE
34	Num_assurce_ass	Numéro assurance de l'assuré	N	8	Identifiant
35	Nom_Ass	Nom de l'assuré	A	25	
36	Prenm_Ass	Prénom de l'assuré	A	30	
37	Adress_Ass	Adresse de l'assuré	AN	35	
38	Code_Service	Code du service demandeur	N	3	Identifiant
39	Nom_Service	Nom du service	A	25	
40	Code_Agence	Code identificateur de l'agence	N	3	Identifiant
41	Nom_Agence	Nom de l'agence	A	25	
42	Adress_Agence	Adresse de l'agence	AN	35	
43	Num_Bon	Numéro que porte le bon	N	6	Identifiant
44	Date_Bon	Date que porte le bon	D	10	jj/mm/aaaa
45	Num_Mat_AST	Numéro identificateur de l'AST	AN	6	Identifiant
46	Nom_AST	Nom de l'AST	A	25	
47	Prenm_AST	Prénom de l'AST	A	30	
48	Adress_AST	Adresse de l'AST	AN	35	
49	Code_Nat	Code de la nature du dossier	N	3	Identifiant
50	Lib_Nat	Désignation de la nature	A	15	
51	Code_zone	Code de la Zone d'habitation de l'ASC	N	3	Identifiant
52	Nom_Zone	Nom de la zone d'habitation	A	15	
53	Date_Etat_Rap	Date de prise d'état du rapport	D	10	jj/mm/aaaa
54	Date_Remise_AST	Date de remise de dossier à l'AST	D	10	jj/mm/aaaa
55	Date_Retour_AST	Date de retour du dossier par l'AST	D	10	jj/mm/aaaa
56	Delai_Recdction	Délai de reconduction	AN	6	
57	Date_Etat_Doss	Date à la quelle le dossier à pris un état donné (instance, liquidé,...)	D	10	jj/mm/aaaa
58	Montant_Enq	Montant payé pour une enquête	N	5	
59	Date_Remise	Date de remise du dossier à l'ASC	D	10	jj/mm/aaaa
60	Date_Retour	Date de retour du dossier par l'ASC	D	10	jj/mm/aaaa
61	Delai_Enq	Délai accordé pour une enquête	AN	6	

LEGENDE

D = Date
AN= Alpha Numérique
A = Alphabétique
N = Numérique
jj/mm/aaaa = jour/mois/année

I.1.3. Matrice des dépendances fonctionnelles

La matrice des dépendances fonctionnelles est un tableau traduisant les dépendances fonctionnelles qui existent entre les différents attributs relevés dans le dictionnaire de données.

APPLICATION : Gestion informatisée des dossiers d'enquête au service social de la CNSS du TOGO																		Désignation de phase : Niveau conceptuel	

MATRICE DES DEPENDANCES FONCTIONNELLES

N°	SOURCE / BUT	1	9	15	19	21	23	26	29	34	38	40	43	45	49	51	62	63	64	65
1	Code_ASC	*	1					1												
2	Nom_ASC	1																		
3	Prenm_ASC	1																		
4	Date_Naiss_ASC	1																		
5	Lieu_Naiss_ASC	1																		
6	Num_Piece_Id_ASC	1																		
7	Adress_ASC	1																		
8	Num_Tel_ASC	1																		
9	Num_Ord_Doss		*	1																
10	Num_Enr		1																	
11	Date_Recep_Doss		1																	
12	Motif_Enq		1																	
13	Mont_Avce		1																	
14	Date_Transmission		1																	
15	Num_Rapport			*																
16	Date_Rapport			1																
17	Date_Enr_Rapport			1																
18	Contenu_Rapport			1																
19	Code_Etat_Doss				*															
20	Nom_Etat_Doss				1															
21	Code_Etat_Rap					*														
22	Nom_Etat_Rap					1														
23	Num_Dde_Avce	1					*													
24	Date_Dde_Avce						1													
25	Date_Paie_Avce						1													
26	Num_Dde_Solde	1						*												
27	Date_Dde_Solde							1												
28	Date_Paie_Solde							1												
29	Ref_Cont								*											
30	Date_Deb_Cont								1											
31	Date_Fin_Cont								1											
32	Ref_Note_Sce								1											
33	Date_Note_Sce								1											

APPLICATION : Gestion informatisée des dossiers d'enquête au service social de la CNSS du TOGO		Désignation de phase : Niveau conceptuel

MATRICE DES DEPENDANCES FONCTIONNELLES

N° \ SOURCE / BUT	1	9	15	19	21	23	26	29	34	38	40	43	45	49	51	62	63	64	65
34 Num_assure_ass	**1**								*										
35 Nom_Ass									1										
36 Prenm_Ass									1										
37 Adress_Ass									1										
38 Code_Service	**1**									*									
39 Nom_Service										1									
40 Code_Agence	**1**										*								
41 Nom_Agence											1								
42 Adress_Agence											1								
43 Num_Bon	**1**											*							
44 Date_Bon												1							
45 Num_Mat_AST		**1**											*						
46 Nom_AST													1						
47 Prenm_AST													1						
48 Adress_AST													1						
49 Code_Nat	**1**													*					
50 Lib_Nat														1					
51 code_zone	**1**														*				
52 Nom_Zone															1				
53 Date_Etat_Rap																1			
54 Date_Remise_AST																			1
55 Date_Retour_AST																			1
56 Delai_Recdction																		1	
57 Date_Etat_Doss																		1	
58 Montant_Enq																1			
59 Date_Remise																1			
60 Date_Retour																1			
61 Delai_Enq																1			
62 1+9																*			
63 15+21																	*		
64 9+19																		*	
65 9+45																			*

LEGENDE

* : Dépendance fonctionnelle réflexive

1 : Dépendance fonctionnelle

1 : Contrainte d'intégrité fonctionnelle

I.1.4. Enoncé des règles de gestion

N°REGLES	ENONCE DES REGLES
RG1	Un dossier concerne un et un seul assuré.
RG2	Une agence ou un service peut envoyer plusieurs dossiers pour enquête
RG3	Une demande de paiement d'avance ou de paiement de solde peut être introduite pour plusieurs dossiers.
RG4	A un ASC ou à un AST on peut confier plusieurs dossiers pour enquête
RG5	Un rapport d'enquête est fournit soit par un ASC soit par un AST
RG6	Un ASC habite une et une seul Zone
RG7	Un bon regroupe plusieurs dossiers.
RG8	Un dossier n'a qu'une et une seule nature.
RG9	Un contrat n'est signé que par un et un seul ASC
RG10	Un dossier et un rapport peuvent présenter plusieurs états au cours de leurs traitements

I.1.5. Modèle Conceptuel des Données (MCD)

Le Modèle Conceptuel de Données (MCD) est l'aboutissement de l'étude conceptuelle des données. Il constitue la formalisation des données mémorisées dans la base du système d'information.

I.1.5.1. Quelques concepts du MCD

- **Entité :**

C'est un ensemble d'informations, une représentation d'éléments matériels ou immatériels existant dans l'organisation étudiée et identifiée en raison de son utilité dans la gestion.

- **Relation :**

C'est le lien sémantique existant entre deux ou plusieurs entités

- **Propriétés :**

Une propriété est la plus petite information élémentaire utilisée pour décrire les entités et les relations. Parmi les propriétés qui caractérisent l'entité, il existe une qui identifie chaque occurrence de façon unique : c'est l'identifiant de l'entité.

- **Cardinalité :**

C'est le nombre de participations possible d'une occurrence de l'entité à l'association. Elle se représente par un couple d'entiers (i,n) où i désigne le nombre minimum de participations et n le maximum.
Les cardinalités les plus usuelles sont :
- 0,1 : Unicité sans obligation (minimum = 0 et maximum = 1)
- 1,1 : Unicité avec obligation (minimum = 1 et maximum = 1)
- 0,n : Ni unicité ni obligation (minimum = 0 et maximum = n)
- 1,n : Obligation sans unicité (minimum = 1 et maximum = n)

I.1.5.2. Formalisme du MCD

22

I.1.5.3. Représentation du MCD

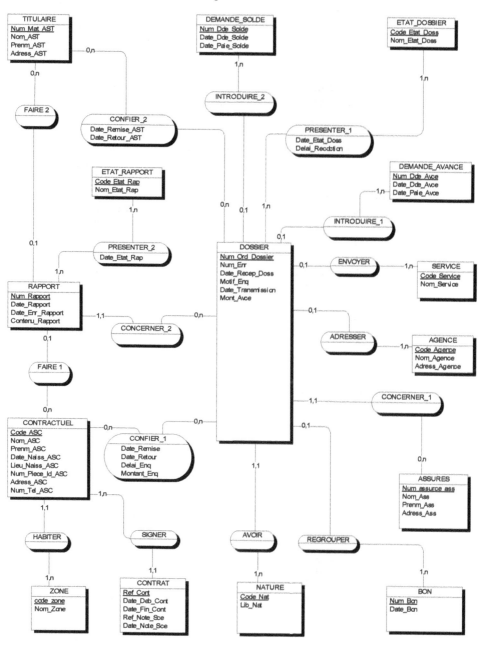

I.2. Etude conceptuelle des traitements

Le Modèle Conceptuel des Traitements (MCT) est la représentation des activités qui sont effectuées dans l'entreprise par rapport au domaine étudié.
Il établit le déroulement chronologique des opérations en tenant compte des conditions de leurs réalisations
Il respecte un formalisme axé sur les notions d'événement, de synchronisation, d'opération, de règle d'émission, de résultat.

-Evénement :
Un événement est un fait réel dont la venue déclenche l'exécution d'une ou de plusieurs actions.

-Synchronisation :
Elle est un ensemble de conjonction et de disjonction traduisant les règles de gestion que doivent respecter les événements pour déclencher les actions

-Opération :
C'est une action ou un ensemble d'actions ininterruptibles accomplies en réponses à un événement (ou à une conjonction d'événements).

-Règle d'émission :
C'est une condition qui traduit les règles auxquelles est soumise l'émission des résultats d'une opération

-Résultat :
C'est le produit de l'exécution d'une opération

I.2.1. Formalisme du MCT

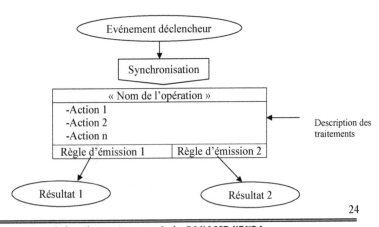

24

La schématisation du Modèle Conceptuel de Traitement résulte de l'analyse des échanges d'informations qui s'opère sur l'ensemble des activités de l'entreprise. Pour ce faire, nous présenterons en premier le diagramme des flux qui est un support efficace permettant d'identifier les unités actives qui échangent des flux d'information dans le système.

I.2.2. Diagramme des flux

Le diagramme des flux est un outil d'aide à la construction du MCT. Il représente la façon dont les informations circulent entre les différents intervenants du domaine étudié.

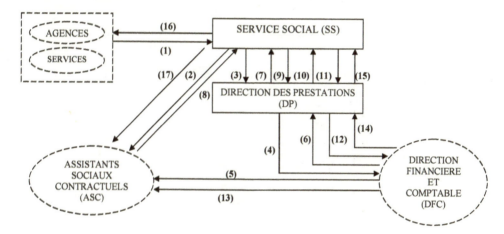

LEGENDE

(1) : Demande d'enquête d'une agence ou d'un service + dossier(s) de ou des assuré(s).

(2) : Remise de(s) bon(s) et du ou des dossier(s) pour enquête.

(3) : Demande de paiement d'avance

(4) : Transmission de la demande de paiement d'avance et de la fiche récapitulative.

(5) : Paiement des avances.

(6) : Notification du paiement des avances à la DP.

(7) : Notification au service social du paiement des avances.

(8) : Rapport(s) de(s) enquête(s).

(9) : Transmission du ou des rapport(s) pour approbation

(10): Avis du Directeur des Prestations.

(11): Demande de paiement de solde + fiche récapitulative du nombre de rapports acceptés pour chaque ASC.

25

(12): Transmission de la demande de paiement de solde.
(13): Paiement des soldes.
(14): Notification du paiement des soldes à la DP.
(15): Notification du paiement des soldes au service social.
(16): Note d'acceptation du ou des rapport(s) de(s) enquête(s) + dossier(s)
(17): Accord de délai supplémentaire ou reversement de l'enquête

: Représente un acteur externe au domaine étudié

: Représente un acteur interne au domaine étudié

: Représente le sens du flux d'informations

26

I.2.3. Présentation du MCT

<u>Processus du traitement des dossiers d'enquête</u>

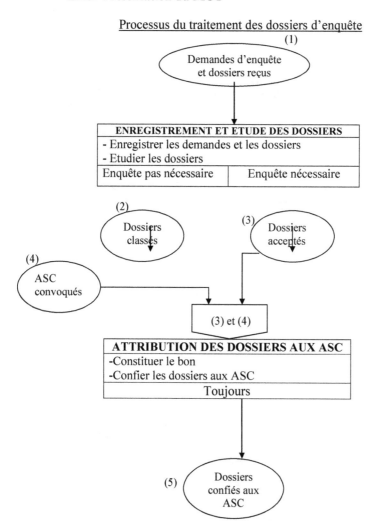

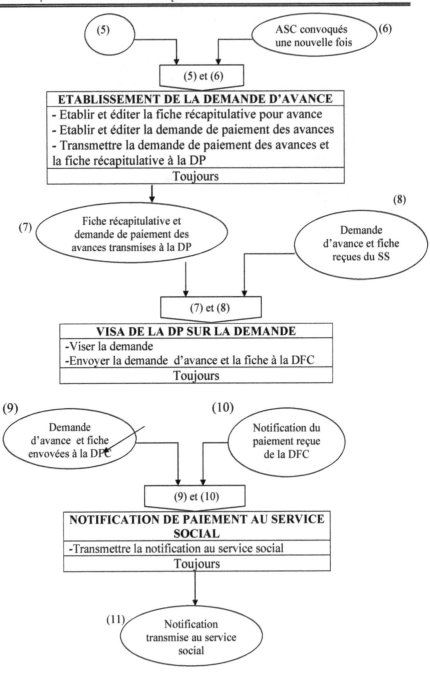

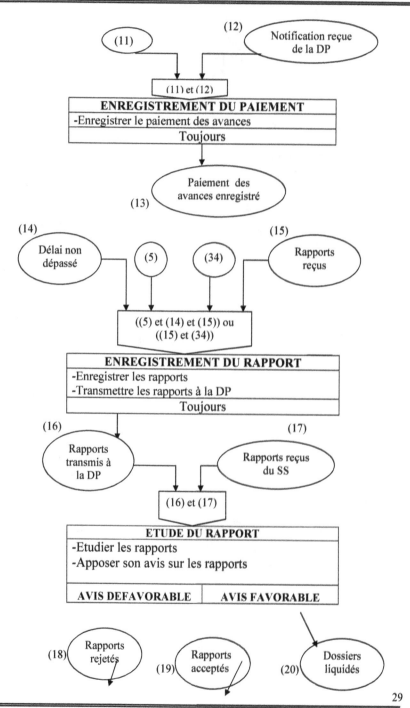

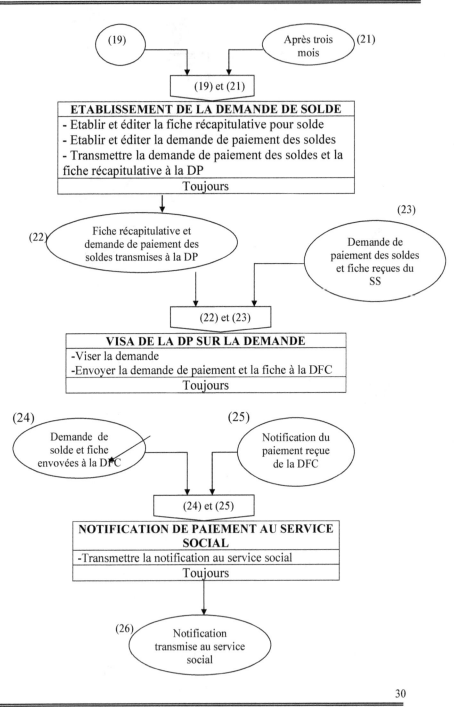

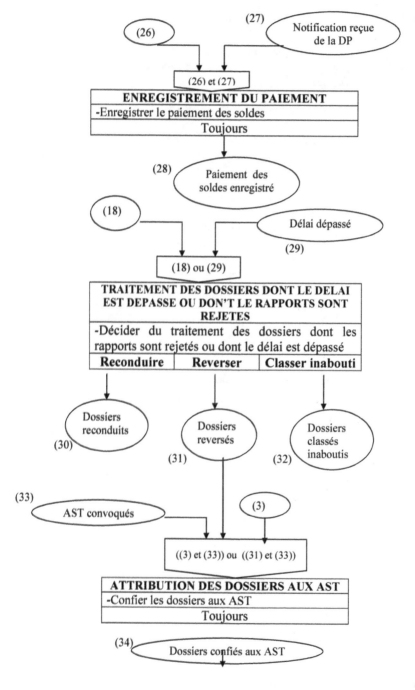

II. NIVEAU LOGIQUE ET ORGANISATIONNEL

Cette partie constitue le passage de la phase conceptuelle à la réalité informatique. Il s'agit du Modèle Logique des Données (MLD) et du Modèle Organisationnel de Traitement (MOT)

II.1. Modèle Logique des Données (MLD)

Le modèle logique des données (MLD) permet de transcrire le MCD dans un formalisme permettant de rendre compte de l'état présent de la technique logicielle adoptée. Cette transcription suit certaines règles.

II.1.1. Règle de passage du MCD au MLD

✓ Toute entité du MCD sera représentée par une table qui aura pour clé primaire l'identifiant de l'entité. Les clés primaires sont soulignées.

✓ Chaque propriété du MCD devient un attribut.

✓ Toute association de cardinalité (1,n ou 0,n) de part et d'autre devient une table dont la clé primaire est la concaténation des identifiants des entités qui participent à l'association.

✓ La clé primaire de l'entité but (celle du côté de la quelle se trouve la plus grande cardinalité : 0,n ou 1,n) migre vers la table issue de l'entité source (celle du côté de la quelle se trouve la plus petite cardinalité : 0,1 ou 1,1).

✓ Les clés ayant migré sont appelées clés secondaires ou clés étrangères et sont toujours suivies d'un dièse (#).

II.1.2. Représentation du MLD

Le MLD peut se présenter sous forme graphique ou sous forme textuelle. Ici nous opterons pour la forme textuelle.

AST (Num_Mat_AST, Nom_AST, Prenm_AST, Adress_AST).

ETAT_DOSSIER (Code_Etat_Doss, Nom_Etat_Doss).

SERVICE (Code_Service, Nom_Service).

AGENCE (Code_Agence, Nom_Agence, Adress_Agence).

ASSURES (Num_assurce_ass, Nom_Ass, Prenm_Ass, Adress_Ass).

32

BON (<u>Num_Bon</u>, Date_Bon).

NATURE (<u>Code_Nat</u>, Lib_Nat)

ZONE (<u>Code_Zone</u>, Nom_Zone).

ETAT_RAPPORT (<u>Code_Etat_Rap</u>, Nom_Etat_Rap).

DEMANDE_SOLDE (<u>Num_Dde_Solde</u>, Date_Dde_Solde, Date_Paie_Solde).

DEMANDE_AVANCE (<u>Num_Dde_Avce</u>, Date_Dde_Avce, Date_Paie_Avce).

RAPPORT (<u>Num_Rapport</u>, Date_Rapport, Date_Enr_Rapport, Contenu_Rapport, Code_ASC#, Num_Ord_Dossier#, Num_Mat_AST#).

ASC (<u>Code_ASC</u>, Nom_ASC, Prenm_ASC, Date_Naiss_ASC, Lieu_Naiss_ASC, Num_Piece_Id_ASC, Adress_ASC, Num_Tel_ASC, Code_zone#).

CONTRAT (<u>Ref_Cont</u>, Date_Deb_Cont, Date_Fin_Cont, Ref_Note_Sce, Date_Note_Sce, Code_ASC#).

DOSSIER (<u>Num_Ord_Dossier</u>, Num_Enr, Date_Recep_Doss, Motif_Enq, Date_Transmission, Mont_Avce, Code_Agence#, Num_Bon#, Code_Nat #, Code_Service#, Num_Dde_Avce#, Num_Dde_Solde#, Num_assurce_ass#).

CONFIER_2 (<u>Num_Ord_Dossier#, Num_Mat_AST#</u>, Date_Remise_AST, Date_Retour_AST)

PRESENTER_1 (<u>Num_Ord_Dossier#, Code_Etat_Doss#,</u> Date_Etat_Doss, Delai_Recdction)

CONFIER_1 (<u>Num_Ord_Dossier#, Code_ASC#,</u> Date_Remise, Date_Retour, Delai_Enq, Montant_Enq)

PRESENTER_2 (<u>Code_Etat_Rap#, Num_Rapport#,</u> Date_Etat_Rap).

II.2. Modèle Organisationnel des Traitements (MOT)

Le modèle organisationnel des traitements définit la répartition des traitements du Modèle Conceptuel des Traitements. Il décrit la succession de ces traitements dans le temps (durée, fréquence d'exécution), leur nature (manuelle, automatisée ou interactive), le lieu, les personnes et les ressources qui y sont associés (poste de travail).

Le MOT est constitué d'un enchaînement de procédures fonctionnelles. Ces dernières sont formées d'un ensemble de traitements exécutés sans interruption par un même poste de travail utilisant des moyens de traitements d'un type donné pendant une période d'activité déterminée.

II.2.1. Règle de passage du MCT au MOT

➢ Une opération conceptuelle peut correspondre à plusieurs procédures fonctionnelles (PF).

➢ Si les traitements de l'opération conceptuelle sont effectués successivement par des postes de travail distincts, on divise l'opération conceptuelle en autant de procédures fonctionnelles.

➢ Si les traitements de l'opération conceptuelle sont de différents types, on divise alors l'opération conceptuelle en autant de procédures fonctionnelles.

➢ Si les traitements de l'opération conceptuelle se déroulent à des périodes différentes, on divise l'opération conceptuelle en autant de procédures fonctionnelles.

II.2.2. Représentation du MOT

PERIODE	ENCHAINEMENT DES PROCEDURES	NATURE	POSTE
A la réception des demandes d'enquête et des dossiers	Processus du traitement des dossiers d'enquête Demandes d'enquête et dossiers reçus (1) **ENREGISTREMENT ET ETUDE DES DOSSIERS** - Enregistrer les demandes et les dossiers - Etudier les dossiers Enquête pas nécessaire Enquête nécessaire Dossiers classés (2) (3) Dossiers acceptés	Interactive	Secrétariat et chef de service
A l'arrivée des ASC	ASC convoqués (4) (3) et (4) **ATTRIBUTION DES DOSSIERS AUX ASC** -Constituer le bon -Confier les dossiers aux ASC Toujours (5) Dossiers confiés aux ASC	Interactive	Chef du service

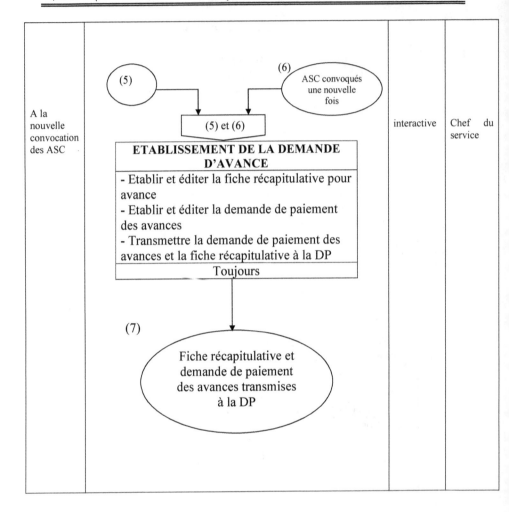

A la nouvelle convocation des ASC

(5)

(6) ASC convoqués une nouvelle fois

(5) et (6)

ETABLISSEMENT DE LA DEMANDE D'AVANCE

- Etablir et éditer la fiche récapitulative pour avance
- Etablir et éditer la demande de paiement des avances
- Transmettre la demande de paiement des avances et la fiche récapitulative à la DP

Toujours

(7)

Fiche récapitulative et demande de paiement des avances transmises à la DP

interactive

Chef du service

PERIODE	ENCHAINEMENT DES PROCEDURES	NATURE	POSTE
A la réception des demandes et de la fiche récapitulative	(7) Demande d'avance et fiche reçues du SS (8) (7) et (8) **VISA DE LA DP SUR LA DEMANDE** -Viser la demande -Envoyer la demande d'avance et la fiche à la DFC Toujours	Manuelle	Directeur des prestations
A la réception de la notification de paiement	(9) Demande d'avance et fiche envoyées à la DFC Notification du paiement reçue de la DFC (10) (9) et (10) **NOTIFICATION DE PAIEMENT AU SERVICE SOCIAL** -Transmettre la notification au service social Toujours Notification transmise au service social (11)	Manuelle	Directeur des prestations

37

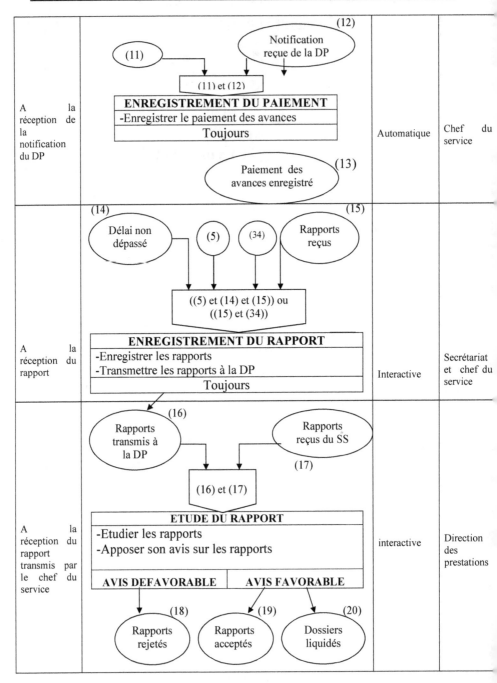

Condition	Operation	Type	Responsable
A la réception de la notification du DP	**(11) et (12)** **ENREGISTREMENT DU PAIEMENT** -Enregistrer le paiement des avances Toujours	Automatique	Chef du service
A la réception du rapport	**((5) et (14) et (15)) ou ((15) et (34))** **ENREGISTREMENT DU RAPPORT** -Enregistrer les rapports -Transmettre les rapports à la DP Toujours	Interactive	Secrétariat et chef du service
A la réception du rapport transmis par le chef du service	**(16) et (17)** **ETUDE DU RAPPORT** -Etudier les rapports -Apposer son avis sur les rapports AVIS DEFAVORABLE / AVIS FAVORABLE	interactive	Direction des prestations

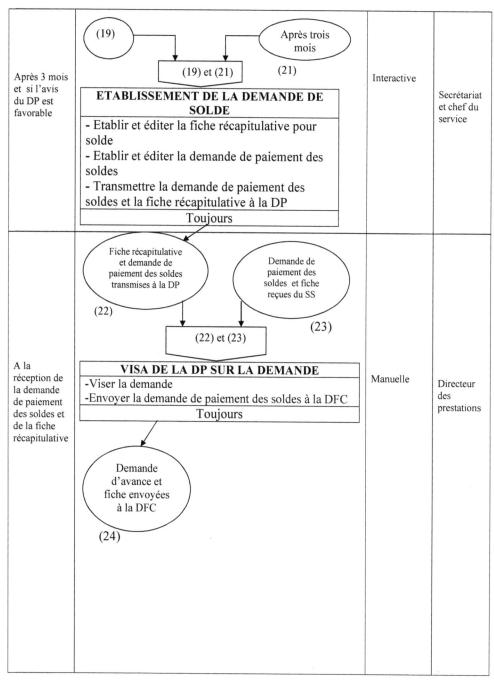

Après 3 mois et si l'avis du DP est favorable	(19) — (19) et (21) — Après trois mois (21)	Interactive — Secrétariat et chef du service

(19) et (21) — **(21)**

ETABLISSEMENT DE LA DEMANDE DE SOLDE
- Etablir et éditer la fiche récapitulative pour solde
- Etablir et éditer la demande de paiement des soldes
- Transmettre la demande de paiement des soldes et la fiche récapitulative à la DP

Toujours

Fiche récapitulative et demande de paiement des soldes transmises à la DP **(22)**

Demande de paiement des soldes et fiche reçues du SS **(23)**

(22) et (23)

A la réception de la demande de paiement des soldes et de la fiche récapitulative

VISA DE LA DP SUR LA DEMANDE
-Viser la demande
-Envoyer la demande de paiement des soldes à la DFC

Toujours

Manuelle — Directeur des prestations

Demande d'avance et fiche envoyées à la DFC **(24)**

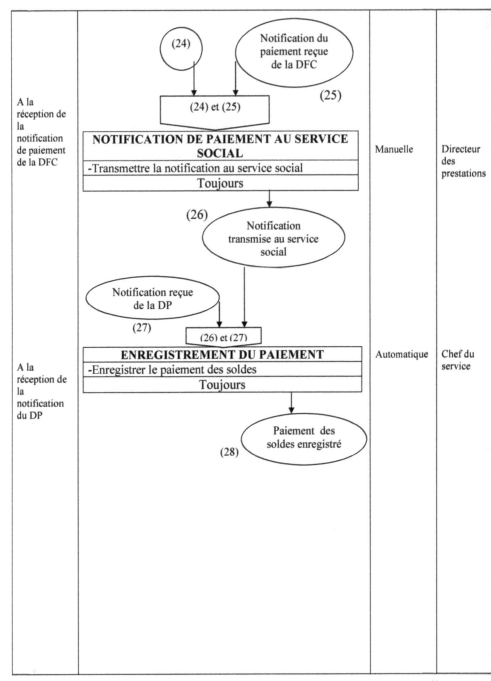

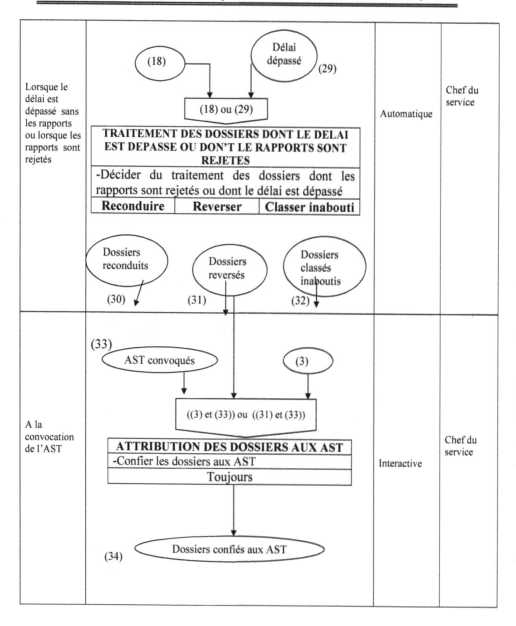

| Lorsque le délai est dépassé sans les rapports ou lorsque les rapports sont rejetés | | Automatique | Chef du service |
| A la convocation de l'AST | | Interactive | Chef du service |

QUATRIEME PARTIE

PROGRAMMATION

La programmation constitue la dernière étape de la réalisation effective du projet. Il s'agit de concevoir l'ensemble des programmes devant réaliser les tâches de gestion souhaitées en traduisant la structure logique en une structure physique de données appelée base de données. Pour ce faire, nous avons choisi comme outil de réalisation le SGBDR Oracle version 9i et son outil de développement Oracle developer 6.0.

Nous avons choisi de développer en Oracle pour les raisons suivantes :

❖ La CNSS utilise comme SGBDR Oracle et comme outil de développement Oracle developer.

❖ Nous voulons que ce stage soit pour nous une occasion d'apprendre quelque chose de nouveau afin d'augmenter nos connaissances.

❖ Oracle est un outil permettant une meilleure intégrité, une cohérence et une sécurité des données.

Au cours de cette étape notre démarche sera : la présentation de Oracle, la présentation de quelques interfaces graphiques et enfin quelques codes.

I. PRESENTATION DE ORACLE

I.1. Historique

L'histoire d'Oracle débute avec la création d'Oracle corporation en 1977. Sa première version était commercialisée en 1979. L'année 1986 à été marquée par l'introduction de l'architecture client / serveur qui tend à devenir aujourd'hui sa spécialité.

I.2. Caractéristiques

La fonction première d'Oracle est de gérer d'une façon intégrée l'ensemble de données d'une entreprise et de les rendre accessibles à un nombre important d'utilisateurs et d'applications tout en garantissant leur sécurité, leur cohérence et leur intégrité.

Ecrit en forte proportion en langage C, Oracle est de ce fait disponible sur une très grande variété de plates-formes matérielles et systèmes d'exploitations. Toutes les versions d'Oracle sur ces différentes machines et système d'exploitation sont identiques et offrent les mêmes fonctionnalités. De ce fait, le partage d'une application et de données oracle d'une machine à l'autre peut se faire sans modifications majeures. Ceci entraîne une certaine indépendance des données et applications vis-à-vis de l'environnement matériel et logiciel.

Cette portabilité d'Oracle sur une grande variété de plates-formes associée à sa compatibilité aux normes internationales et son architecture répartie font de lui un SGBDR à architecture ouverte.

43

Oracle offre en plus de son SGBD une très grande variété d'outils utilisables dans toutes les étapes d'un projet d'informatisation depuis la spécification de besoins jusqu'à l'exploitation d'applications.

I.3. Outil de développement : Oracle Developer

Les outils de développement constituent une composante principale de Oracle. C'est un ensemble d'outils de quatrième génération composé d'un générateur d'application à base de grille d'écran (Forms), un générateur de graphique (Graphic builder), un générateur d'état (Report builder), un outil permettant d'écrire les procédures (Procedure builder), un intégrateur d'applications (Menu), des pré compilateurs permettant d'accéder aux données d'Oracle depuis les langages de troisième génération, une interface interactive permettant d'envoyer des requêtes PL/SQL. Le langage de programmation est PL/SQL (Procedural Language/SQL).

I.4. Langage de programmation PL/SQL

Le PL/SQL est une extension du langage SQL incluant les fonctionnalités de conception des langages de programmation. Il permet de regrouper les instructions SQL dans un seul block et d'envoyer ce dernier au serveur en un seul appel ; ce qui permet de réduire le trafic sur le réseau et d'augmenter alors les performances des applications. Le langage PL/SQL permet de faire appel à des procédures externes, c'est-à-dire des procédures écrites dans un autre langage. Il offre un moyen d'identifier et de traiter les éventuelles erreurs à l'aide du mécanisme des exceptions.

Syntaxe :

```
DECLARE
        <Déclaration des variables, curseurs et types>
BEGIN
        <Corps du programme>
[EXCEPTION
        WHEN<nom de l'exception>
        THEN
            <Code à exécuter>]
END ;
```

I.5. Quelques interfaces graphiques

Au lancement de notre application, s'affiche l'écran de connexion. L'utilisateur doit entrer son nom d'utilisateur, son mot de passe et la chaîne de connexion de à la base de données. Il n'accède au menu général que si ces données entrées sont correctes.

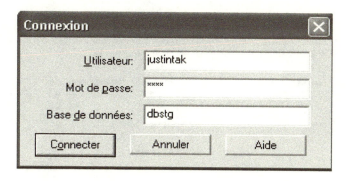

Fig1 : écran de connexion

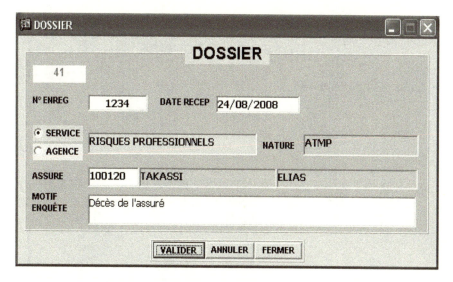

Fig2 : formulaire de saisie d'un dossier

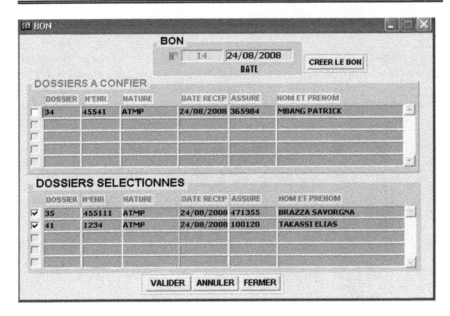

Fig3 : formulaire de saisie d'un bon

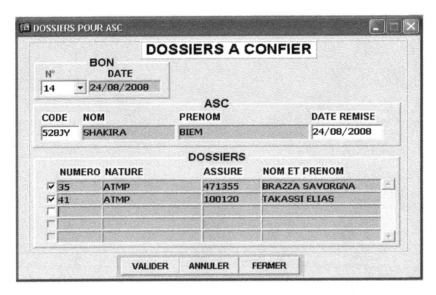

Fig4 : formulaire permettant de confier des dossiers à un ASC

I.6. Extrait de quelques codes

1.6.1 Création de la table dossier

```
Create table DOSSIER (
Num_ord_dossier number (6) not null,
Num_enr number (6) not null,
Date_recep_doss date not null,
Num_assure_ass number (8) not null,
Motif_enq2 varchar2 (100) not null,
Date_transmission   date,
Code_nat number (3)   not null,
Code_agence numbers (3),
Code_service numbers (3),
Num_bon   numbers (6),
Num_dde_solde numbers (6),
Num_dde_avce numbers (6),
Constraint PK_DOSSIER primary key (num_ord_dossier),
Constraint FK_DOSSIER_BON foreign key (num_bon)
References BON (num_bon),
Constraint FK_DOSSIER_NATURE foreign key (Code_nat)
References NATURE (Code_nat),
Constraint FK_DOSSIER_DEMANDE_ foreign key (num_dde_solde) 20
References DEMANDE_SOLDE (num_dde_solde),
Constraint FK_DOSSIER_DEMANDE_ foreign key (Num_dde_avce) 22
References DEMANDE_AVANCE (Num_dde_avce),
Constraint FK_DOSSIER_AGENCE foreign key (code_agence)
References AGENCE (code_agence),
Constraint FK_DOSSIER_SERVICE foreign key code_service)
References SERVICE (code_service),
Constraint   FK_DOSSIER_ASSURES   foreign   key   (num_assurce_ass)
References ASSURES (num_assurce_ass)
) ;
```

1.6.2. Procedure d'enregistrement d'un dossier

```
PROCEDURE valider IS
BEGIN
go_block ('dossier');
first_record;
Loop
If: choix = 1 then
INSERT into presenter_1 (num_ord_dossier, num_etat, date_etat)
Values (:num_ord_dossier, 4, :etat. date_etat);
End if;
Next_record;
Exit when :num_ord_dossier is null;
End loop;
Commit;
Message ('Dossier(s) classés');
END;
```

1.6.3. Procédure d'enregistrement d'une demande d'avance

```
PROCEDURE p_valider IS
BEGIN
Declare
  nbre number;
  i number:=0;
Begin
Insert into demande_avance (num_dde_avce, date_dde_avce)
Values (:demande_avance.num_dde_avce, :bon.dat);
Select count (*) into nbre from dossier where num_bon=:list_bon;
go_block ('dossier');
first_record;
For i in 1..nbre
Loop
        If :dossier.cocher=1 then
                Update dossier
                Set num_dde_avce=:demande_avance.num_dde_avce
                Where num_ord_dossier=:dossier.num_ord_dossier;
        End if; Next_record;
 Exit when i=nbre;
End loop; Commit;
 End;
 Message ('Enregistrement effectué');
END;
```

48

CONCLUSION

Au terme de notre étude, il ressort que la gestion manuelle des activités du service social de la Caisse Nationale de Sécurité Sociale (CNSS) se révèle être une tâche fastidieuse. Et dans ce cas, notre application gestion, des dossiers d'enquêtes (GEDE) pourrait permettre à ce service d'améliorer son fonctionnement en se débarrassant de certaines des tâches manuelles, gagnant ainsi du temps et garantissant une cohérence et une intégrité de ses données.

Cette application qui fonctionne en environnement client/serveur sera disponible sur le serveur d'application de la CNSS et les différents utilisateurs y accéderont depuis leurs postes de travail.

Ce stage nous à permis de nous imprégner des réalités de la vie professionnelle et administrative, de concrétiser ce que nous avons appris au cours de notre formation et d'améliorer ainsi nos connaissances en apprenant un nouvel outil de travail notamment Oracle 9i et son outil de développement Oracle developer 6.0.

La mission qui nous a été confiée par la Direction de l'Informatique et de l'Organisation des Systèmes (DIOS) a été effectuée avec abnégation.

Nous sommes bien conscients que notre logiciel n'est pas exempt d'erreurs et d'imperfections ; c'est pourquoi en toute humilité, nous prendrons en considération toutes les remarques et suggestions qui seront faites en vue de parfaire aussi bien le document que l'application.

TABLE DES MATIERES

www.ingramcontent.com/pod-product-compliance
Lightning Source LLC
LaVergne TN
LVHW042350060326
832902LV00006B/514